Daniel Felsmann

I0018436

Cloud Computing

Basistechnologien, Architektur, Erfolgsfaktoren, Herausforderungen und die aktuelle Marktsituation

GRIN - Verlag für akademische Texte

Der GRIN Verlag mit Sitz in München hat sich seit der Gründung im Jahr 1998 auf die Veröffentlichung akademischer Texte spezialisiert.

Die Verlagswebseite www.grin.com ist für Studenten, Hochschullehrer und andere Akademiker die ideale Plattform, ihre Fachtexte, Studienarbeiten, Abschlussarbeiten oder Dissertationen einem breiten Publikum zu präsentieren.

Dokument Nr. V155866 aus dem GRIN Verlagsprogramm

Daniel Felsmann

Cloud Computing

Basistechnologien, Architektur, Erfolgsfaktoren, Herausforderungen und die aktuelle Marktsituation

GRIN Verlag

Bibliografische Information der Deutschen Nationalbibliothek: Die Deutsche Bibliothek
verzeichnet diese Publikation in der Deutschen Nationalbibliografie; detaillierte bibliografische Daten sind im Internet über http://dnb.d-nb.de/ abrufbar.

1. Auflage 2010
Copyright © 2010 GRIN Verlag
http://www.grin.com/
Druck und Bindung: Books on Demand GmbH, Norderstedt Germany
ISBN 978-3-640-69959-9

Fachhochschule Ludwigshafen am Rhein

Hochschule für Wirtschaft

Cloud Computing

Seminararbeit

im Fachbereich 3 des Masterstudiengangs

Information Management and Consulting

Vorgelegt von:

Daniel Felsmann

Bearbeitungszeit:

20.01.2010 – 27.05.2010

Inhaltsverzeichnis

Abbildungsverzeichnis

Abkürzungsverzeichnis

<u>Allgemein</u>

$	=	US-Dollar
%	=	Prozent
Abk.	=	Abkürzung
A.a.O.	=	Am angegebenen Ort
BGH	=	Bundesgerichtshof
bspw.	=	beispielsweise
CPU	=	Central processing unit
d. h.	=	das heißt
etc.	=	et. cetera
f.	=	folgende
ff.	=	fortfolgend
GB	=	Gigabyte
Fr.	=	Frau
Hr.	=	Herr
hrsg.	=	herausgegeben
Hrsg.	=	Herausgeber
IT	=	Informationstechnologie
s.	=	siehe
S.	=	Seite
u. a.	=	unter anderem
URL	=	Uniform Ressource Locator
vgl.	=	vergleiche

<u>Bezogen auf Cloud Computing</u>

EC2	=	Elastic Compute Cloud
S3	=	Simple Storage Service
AWS	=	Amazon Web Service
CC	=	Cloud Computing

CRM	=	Customer Relationship Management
ENISA	=	European Network and Information Security Agency
ERP	=	Enterprise Ressource Planning
GAE	=	Google App Engine
IaaS	=	Infrastructure as a Service
IKS	=	Internes Kontrollsystem
PaaS	=	Platform as a Service
SaaS	=	Software as a Service
SOA	=	Service-oriented Architecture
SLA	=	Service Level Agreement
VoIP	=	Voice over IP
XMPP	=	Extensible Messaging and Presence Protocol

1 Grundlegende Aspekte

1.1 Auslöser der Projektarbeit

Im Rahmen des beruflichen Alltags ist es erforderlich, sich stetig mit aktuellen Themen wie serviceorientierter Architektur (Abk. SOA), Web 2.0 oder Cloud Computing (Abk. CC) zu beschäftigen. In den Medien wird zurzeit vielfach auf das Thema CC verwiesen. Dabei entstehen für den Autor vorrangig folgende Fragen:

Wie wird CC definiert?

Ist CC nur ein kurzfristiger Hype oder eine langanhaltende Technologie?

Welche Erfolgsfaktoren und Herausforderung bestehen bei der CC-Nutzung?

1.2 Zielsetzung

Vor dem Hintergrund der zuvor genannten Fragestellungen soll in der vorliegenden Seminararbeit das Thema CC untersucht werden. Hierbei wird ein allgemeiner Überblick vermittelt, wobei speziell auf die Herausforderungen des CC eingegangen wird.

1.3 Methodische Vorgehensweise

In der Bearbeitung der CC-Thematik werden für die Informationsbeschaffung vorrangig Studien, Umfragen und Fachartikel herangezogen. Dieser quantitative Ansatz (s. Abb. 1) wird durch Themen der CC-Konferenz (Offenbach 2010) und vertiefenden Eins-zu-Eins- sowie Telefoninterviews mit CC-Anwendern und Spezialisten ergänzt.[1]

Abbildung 1: Quellenstruktur
Quelle: Eigene Darstellung.

---

[1] Vgl. Saunders, M.; Lewis, A. [et. al.]: Research Methods for Business Students, S. 64 f., S. 246 ff., S. 312-330, S. 41 ff.

Anhand der nachstehenden Abb. 2 wird die methodische Vorgehensweise grafisch vorgestellt und anschließend interpretiert.

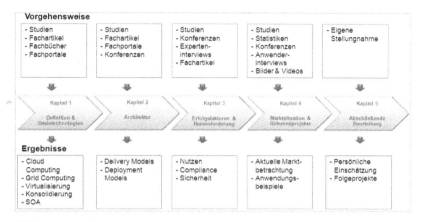

Abbildung 2: Methodische Vorgehenswiese
Quelle: Eigene Darstellung.

Ausgehend von der vorliegenden Fragestellung zur CC-Thematik erfolgt zunächst die Heranführung an das Thema. Der Fokus liegt auf der Betrachtung der Basistechnologien, die für das CC eine entscheidende Rolle darstellen (Kapitel 1).

Die CC-Architektur steht im Vordergrund des zweiten Kapitels. Unter Einbeziehung aktueller Studien werden Delivery sowie Deployment Modelle des CC vorgestellt.

Die Sicherheitsanforderungen der Anwender an CC zuzüglich des zu erwartenden Nutzens und sich ergebender Chancen stehen im engen Bezug zur zukünftigen Akzeptanz. Dadurch wird die Grundlage für weitere Investitionen im CC bestimmt. Diese Aspekte werden mit Hilfe von Expertenaussagen im dritten Kapitel bekräftigt.

Im vierten Kapitel werden Parallelen zur aktuellen Marktsituation von CC sowie dessen Referenzprojekte gezogen. Hierbei wird besonderer Wert auf Aussagen von Anwendern gelegt.

Abschließend wird eine persönliche Beurteilung durchgeführt und Folgeprojekte dargestellt (Kapitel 5).

2 Definition und Basistechnologien von Cloud Computing

CC ist ein relativ neues Schlagwort in der Informationstechnologie (Abk. IT). Dies wird bekräftigt durch die jährliche Studie „Hype Cycle for Data Management" des Marktforschungsunternehmens Gartner.[2] Aufgrund des momentanen Hypes um CC sowie der Überlappung und Abgrenzung von Services, existiert momentan noch keine einheitliche Definition. Grundlegend ist CC „ein Service, der skalierbar und elastisch, aber auch verteilt ist, nach Gebrauch abgerechnet und als Web-Technik benutzt wird".[3]

CC ist von dem klassischen Hosting zu differenzieren. Während sich der Kunde beim Hosting an vorhandene Kapazitäten anpasst, ermöglicht die Cloud eine flexible Abstimmung der Ressourcen. Dadurch kann ohne Zeitverzug auf sich verändernde Anforderungen reagiert werden.[4]

Das CC-Konzept ist zurückzuführen auf die Basistechnologien Grid Computing aus dem Jahr 1992.[5] Hierbei wurde eine Entlastung leistungsstarker PCs durch einen bedarfsorientierten Zugriff auf verschiedene Ressourcen durch eine standardisierte Schnittstelle realisiert.[6] Dies hat zur Folge, dass Kosteneinsparungen erreicht und eine höhere Flexibilität geschaffen wurde. Die Grundelemente wurden durch CC adaptiert. Beide Technologien unterscheiden sich jedoch in folgenden Punkten:

- CC gewährleistet gegenüber dem Grid Computing eine flexible Ressourcenverteilung.
- Das CC-Konzept ermöglicht einen uneingeschränkten Zugriff auf Web-Applikationen.
- Die Virtualisierung eines physischen Servers, d.h. die virtuelle Verteilung eines Servers auf mehrere Kunden gleichzeitig, wird beim CC ebenso gewährt wie die Konsolidierung von IT-Ressourcen. Dadurch entstehen höhere Auslastungen sowie höhere Verfügbarkeiten und zugleich eine kostengünstigere IT-Landschaft.

---

[2] Vgl. Finn, J. (Hrsg. Gartner): Inside the Hype Cycle, S. 6.; Vgl. Shankland, S.; Kaden, J. (Hrsg. Gartner): Cloud Computing wird wichtigster IT-Trend 2010.
[3] CBS Interative GmbH (Hrsg.): Analysten von Gartner definieren Cloud Computing neu.; Vgl. Kisker, H. (CIO online Hrsg.): Forrester stellt Taxonomie vor.
[4] Vgl. BitKom (Hrsg.): Cloud Computing, S. 23 f.
[5] Vgl. Barth, T.; Schüll, A.: Grid Computing, S. 2.
[6] Vgl. Dunkel, J.; Eberhardt, A.; [et. al.] (Hrsg.): Systemarchitekturen für verteilte Anwendungen, S. 161 f.

- Die Abrechnung der zur Verfügung gestellten Service erfolgt beim CC unter ökonomischen Gesichtspunkten.[7]

Vom Business Analyst bis hin zum Endanwender werden je nach Nachfrage netzbasierte Anwendungen im Rahmen von Web 2.0 genutzt. Die Besonderheit eines „Software as a Service" (Abk. SaaS) ist die flexible Erreichbarkeit, wodurch sich das Abrechnungsmodell pay-per-use etabliert hat.[8]

Des Weiteren wird CC durch SOA unterstützt. Die Entwicklung von SOA entstand aus dem Wunsch von Unternehmen, ihre Geschäftsprozesse in der Software besser abzubilden und um sich schneller an veränderte Geschäftsanforderungen anzupassen. Durch Einführung einer SOA wird die Business Agilität erhöht. Dies geschieht durch lose Kopplungen von Programmteilen in Form von Services oder Diensten. Diese Dienste werden in einer SOA, die ein standardisiertes Framework zur Verfügung stellt, gebildet, angeboten, gemanagt und orchestriert. Erst durch die Kombination der Konzepte können hochwertige Dienstleistungen von Cloud-Anbietern über Unternehmensgrenzen hinweg genutzt werden.[9]

Damit ein flexibler Zugriff auf Cloud-Services möglich wird, erfolgt eine Zusammenführung und Kombination von Daten, Anwendungen und Technologien im Rahmen der Konsolidierung. Durch den derzeitigen geringen Auslastungsgrad von 5 bis 15 % der Firmenserver werden Zeit- und Kostenressourcen unwirtschaftlich verwendet. Erst mit der Virtualisierung können Server in mehrere Cluster eingeteilt werden. Dadurch können verschiedene Nutzer auf dieselbe Anwendung eines Servers zugreifen. Die Folge einer intelligenten Kapazitäten-Verteilung ist die Erhöhung des Auslastungsgrad auf 70 bis 90 %. Des Weiteren werden enorme Ressourceneinsparungen und Effizienzsteigerung erzielt.[10]

---

[7] Vgl. BitKom (Hrsg.): Cloud Computing, S. 69 f.
[8] Vgl. BitKom (Hrsg.): A. a. O., S. 69 f.
[9] Vgl. Pulier, E.; Taylor, H.: Understanding Enterprise SOA, S. 127 ff., S. 134 ff.; Vgl. Krafzig, D.; Blanke, K.; Slama, D.: Enterprise SOA, S. 24 ff.; Vgl. Josuttis, N. M.: SOA in Practice, S. 12 ff., Vgl. Melzer, I., [et. al.]: Service-orientierte Architekturen mit Web Services, S. 11 ff., S. 56 f.
[10] Vgl. BitKom (Hrsg.): A. a. O., S. 70.

3 Architektur von Cloud Computing Systemen

3.1 Deployment Models

Entscheidend für die Nutzung von Services ist, über welche Plattform auf die Services zugegriffen werden kann. Die unternehmensspezifischen Anforderungen nehmen bei der Auswahl des Deployment Modells eine wichtige Rolle ein.

Die Private-Cloud wird über das Intranet eines Unternehmens vorrangig dem Mitarbeiter unternehmensintern bereitgestellt. Durch eine entsprechende Autorisierung kann der Zugriff für Kunden und Lieferanten zusätzlich gewährt werden. Grundlegend ist das Unternehmen Eigentümer der Services d. h. die Administration wird durch die eigene IT-Abteilung durchgeführt. Dadurch wird dem Anwender eine sichere sowie effiziente IT-Umgebung angeboten. Unternehmen achten seit der Wirtschaftskrise verstärkt auf Kosteneinsparungen im IT-Sektor und entscheiden sich darum für Outsourcing-Strategien. Im Rahmen der Private-Cloud haben sich zwei Arten der Sourcing-Optionen gebildet. Einerseits übergeben Unternehmen an einen externen Anbieter auf Basis von definierten Service Level Agreements[11] (Abk. SLA) administrative Aufgaben, wobei der Eigentümer weiterhin das Unternehmen bleibt. Andererseits kann einem Drittanbieter die volle Verantwortung und somit auch das Eigentum des Assets übergeben werden.[12]

Über das Internet werden im Gegensatz dazu Services der Public-Cloud zur Verfügung gestellt. Der Zugriff erfolgt für das Unternehmen und Privatanwender über Drittanbieter. Das bedeutet auch, dass das Eigentum des Services alleinig bei dem Betreiber liegt und der Nutzer keine Rechte erhält. Daraus resultiert eine hohe Hemmschwelle für die Anwendung, da der Ort der Datenhaltung undefiniert und somit die Sicherheit der Daten nicht gewährt ist. Der entscheidende Vorteil liegt in der Virtualisierung, da hier unabhängig von der Anwendervielzahl Services temporär und kostengünstig genutzt werden können.[13]

---

[11] Im Rahmen von Verträgen zwischen Kunde und (vorrangig IT-) Dienstleister wird mittels sogenannter Service Level Agreements (Abk. SLA) festgelegt, in welcher Qualität Services erbracht werden und welche Vertragsstrafe bei nicht erfülltem Servicelevel bestehen. Vgl. hierzu Quack, K.: Service-Level-Agreements.

[12] Vgl. BitKom (Hrsg.): Cloud Computing, S. 29 ff.; Vgl. Sun Microsystems Inc. (Hrsg.): Introduction to Cloud Computing Architecture, S. 9.

[13] Vgl. BitKom (Hrsg.): A. a. O., S. 29 ff.; Vgl. Sun Microsystems Inc. (Hrsg.): A. a. O., S. 9.

Damit ein Unternehmen auf Kundenanforderungen flexibel reagieren kann, ist eine Kombination der Private- und Public-Cloud ein entscheidender Vorteil. Der sogenannte hybride Ansatz findet besonders bei hoher Nachfrage und grundlegend im IaaS Anwendung. Spezielle Vorteile werden bei einem geringem Datenvolumen oder einer zustandslosen Umgebung erzielt, da die Übermittlung in eine Public-Cloud im Verhältnis hohe Kosten verursacht und zeitliche Ressourcen in Anspruch genommen werden.[14]

Die technische Implementierung des Services ist hierbei identisch.[15]

3.2 Delivery Models

CC gewährt dem Anwender eine Auswahl bedarfsgerechter Services. Plattformübergreifend hat sich das 3-Ebenen-Modell in der Praxis etabliert.

Im Gegensatz zur klassischen Bereitstellung von IT-Infrastrukturen weist „Infrastructure as a Service" (Abk. IaaS) im Rahmen der CC-Technologie eine hohe Flexibilität sowie Skalierbarkeit auf. Dadurch können die Anwender unbegrenzt auf angebotene Services über das Internet zugreifen. Die vorrangige Zielgruppe sind hierbei die IT-Dienstleister. Aufbauend auf Servern mit inkludierter virtueller Speicherleistung werden Computing-Services vorwiegend von einem Anbieter bezogen. Die Folge davon ist eine optimale Nutzung sowie gestiegene Netzwerk-Leistungen. Dadurch muss ein neues Abrechnungsmodell angewandt werden, welches bereits seit Jahren im Rahmen von SaaS Anwendung findet. Storage-Services werden hierbei über die genutzten GB im Verhältnis zur benötigten Zeit sowie Datentransfervolumen abgerechnet. Computing-Services sind ebenso volumenbasiert, jedoch wird hier auf den CPU-/ Memory-Verbrauch pro Zeiteinheit geachtet. Das nutzungsbasierte Abrechnungsmodell ermöglicht, die Verwirklichung von neuen Geschäftsmodellen. Hierbei profitieren Unternehmen davon, dass hohe Investitionskosten entfallen und dadurch zunehmend auf die Qualität der angebotenen Leistungen geachtet werden kann. Die hohe Kosteneffizienz ist zurückzuführen auf die Virtualisierung und Standardisierung. Die Administration der virtuellen Res-

---

[14] Vgl. BitKom (Hrsg.): A. a. O., S. 29 ff.; Vgl. Sun Microsystems Inc. (Hrsg.): A. a. O., S. 9.
[15] Vgl. BitKom (Hrsg.): A. a. O., S. 29 ff.; Vgl. Sun Microsystems Inc. (Hrsg.): A. a. O., S. 9.

sourcen obliegt dem Anwender. Dafür wird die Kundenumgebung von der Hardware isoliert und abstrahiert.[16]

Entwicklungsplattformen werden dem Architekten und Anwendungsentwickler über die zweite Ebene der „Platform as a Service" (Abk. PaaS) zur Verfügung gestellt. Dadurch lassen sich geschäftliche Komponenten effizient über das Internet entwickeln. Hierbei ist verstärkt darauf zu achten, dass die Services nach den speziellen Anforderungen des Kunden gewählt werden. Konkret bedeutet dies, dass PaaS-Anbieter dem Anwender die Datenbank- und Softwareentwicklung, Zugriffskontrolle, Synchronisierung und Datenhalten etc. als Service zur Verfügung stellen. Dies setzt voraus, dass die SOA in der IT-Landschaft integriert ist. Dadurch können Programmbausteine einfach in die vorhandene Anwendungsinfrastruktur integriert werden. Das hat den Vorteil, dass mehr zeitliche Ressourcen für die Realisierung von Benutzerschnittstellen genutzt werden. Die Spezialisierung von Funktionalität und Qualität erfolgt über die SLA. Die Kosten werden auf die verwendeten Ressourcen nach Zeit, Qualität und Bedarf verrechnet.[17]

SaaS gilt als Basistechnologie und bildet zugleich die dritte Architektur-Ebene. In der Mietsoftware ist neben der Bereitstellung auch die Wartung von Services inbegriffen, was zu einer erhöhten Kosteneinsparung führt. Gemäß des Marktberichtes „Market Trends: Software as a Service" sind für Anwender, trotz Wirtschaftskrise, Kollaborationsplattform und die Kombination mit Web 2.0 Elementen attraktiv. Demzufolge konnte im Jahr 2009 ein Gewinn von 2,5 Mio. $ erzielt werden. Daneben werden zunehmend Custom Relationship Management (Abk. CRM)-Lösungen mit einem Gewinn: 2,2 Mio. $ und Enterprise Ressource Planning (Abk. ERP)-Applikationen mit einem Gewinn von 1,2 Mio. $ für Anwender in der Cloud zur Verfügung gestellt. Gesamtheitlich ergibt sich ein Umsatzwachstum von 17,7 % im Vergleich zum Vorjahr.[18]

---

[16] Vgl. Sun Microsystems Inc. (Hrsg.): Introduction to Cloud Computing Architeture, S. 9 ff.; Vgl. BitKom (Hrsg.): Cloud Computing, S. 22 ff.
[17] Vgl. BitKom (Hrsg.): Cloud Computing, S. 22 ff.
[18] Trovarit (Hrsg.): Software as a Service, S. 3; Schaffry, A. (Hrsg. CIO): Gartner-Markttrends 2009 – Die gefragtesten SaaS-Angebote.

4 Erfolgsfaktoren & Herausforderungen von Cloud Computing

4.1 Nutzen

Der Hype um CC bietet nicht nur dem Anwender, sondern auch dem Anbietern entscheidende Vorteile.

Die Kombination von Cloud-Services und Web 2.0 eröffnen eine neue Nutzung des Internets. Dadurch können sich Anbieter am Markt mit neuen Geschäftsmodellen etablieren. Die Konzentration auf Kernservices kann langfristige zu einer erhöhten Kundenbindung führen. Hinzu kommen gestiegene Geschäftsgewinne von ungefähr 5 %, ausgelöst durch ein gestiegenes Services Level und der effektiven Bereitstellung von Services. Daraus resultiert eine Steigerung der Kundenzufriedenheit.[19]

Generell verzeichnen Anwender durch den Einsatz des CC eine höhere Kapazitätsauslastung. Dadurch erzielen Unternehmen eine Kosteneinsparung von mindestens 15 %.[20] In der Studie „Force.com Cloud Platform Drives Time to Market and Cost Savings" analysierte das Marktforschungsunternehmen IDC zehn Unternehmen, die Cloud-Applikationen des Cloud-Anbieters Salesforce nutzen. Hierbei konnte ein jährlicher Gewinn von je 3.1 $ festgestellt werden. Im Einzelnen resultieren die Kostenersparnisse überwiegend aus den Ressourceneinsparungen der Anwendungsentwicklung und des Post-Developments. Die flexible Leistungsverrechnung birgt den Vorteil, dass Unternehmen keine hohen Investitionskosten für Pilotprojekte neuer Technologien erbringen müssen. Dadurch können enorme Zeiteinsparungen von bis zu 75 % erreicht werden.[21] Auf strategischer Basis können langfristige fixe Investitionen in variable Kosten umgewandelt, um dadurch eine verringerte Kapitalbindung anzustreben.[22] Der Cloud-Anbieter gewährleistet den Kunden einen stabilen Service mit einer hohen Bandbreite. Mit dessen Hilfe wiederum eine erhöhte Kundenzufriedenheit auf Anwenderseite erzielt werden kann.[23]

---

[19] Vgl.: Perry, R.; Hatcher, E.; [et. al.] (Salesforce Hrsg.): Force.com Cloud Platform Drives Huge Time to Market and Cost Savings, 6 ff.; ISACA (Hrsg.): Cloud Computing, S. 6 f.

[20] Vgl.: Perry, R.; Hatcher, E.; [et. al.] (Salesforce Hrsg.): A.a.O., 6 ff.; A.T. Kearney (Hrsg.): Verschenkte Potentiale.

[21] Vgl.: Perry, R.; Hatcher, E.; [et. al.] (Salesforce Hrsg.): A.a.O., 6 ff.; ISACA (Hrsg.): A. a. O., S. 6 f.

[22] Vgl. BitKom (Hrsg.): Cloud Computing, S. 18.

[23] Vgl.: ISACA (Hrsg.): A.a.O., S. 6 f.

4.2 Compliance

Obwohl die Nutzenpotentiale des CC gegenüber der herkömmlichen IT-Landschaft enorme Vorteile bieten, überwiegt die Skepsis gegenüber dem CC-Konzept. Der reine Zugriff auf Anwendungen im Internet verursacht bereits eine Datenübergabe, ferner jedoch werden bei der Nutzung personenbezogene sowie sensible Unternehmensdaten gespeichert. In den letzten Monaten werden zunehmend neue Fälle von Datenmissbrauch bekannt, wie zuletzt der Datenklau der deutschen Betriebskrankenkasse.[24]

Daher sollten sich Unternehmen, die CC einsetzten wollen, grundsätzlich die Fragen stellen: Welche Daten werden auf welchen Systemen, an welchen physikalischen Orten erhoben und verarbeitet? Werden die Daten übermittelt, verändert, kurzfristig gespeichert oder langfristig archiviert? Daraus abgeleitet ist es für das Unternehmen essentiell wichtig abzugrenzen, wer Vertragspartner ist und wer Zugriff auf die Daten hat. Grundsätzlich stellt sich die Frage, inwieweit CC mit den gewünschten Funktionen nach deutschem Recht zulässig ist?[25]

Abbildung 3: Betrachtungsraum Compliance
Quelle: Modifizierte Abbildung basierend auf der schriftlichen Auskunft durch Hr. Hackenberg, W., 21.03.2010.

Die Datenschutz- und Informationsschutzrichtlinien (s. Abb. 4) sind aktuelle Themen im Umgang mit CC und spiegeln zugleich die wichtigen Aspekte des Risiko-

---

[24] Vgl. Spiegel Online (Hrsg.): Datenleck bei BKK Gesundheit.
[25] Mündliche Aussage durch Hr. Hackenbeck, W., Rechts- und Unternehmensberater, 28.01.2010.

management wieder. Des Weiteren geben Themen wie Zurechenbarkeit, Haftung, Vertraulichkeit, Geheimnisschutz, Verfügbarkeit, Authentizität und Integrität den Rahmen für CC.[26]

Unternehmensweite Abläufe werden durch verschiedene informationstechnologische sowie betriebswirtschaftliche Prozesse am Unternehmensziel ausgerichtet und gesteuert. Eine Datenmanipulation beispielsweise kann zu Betriebsschäden und somit zu Imageschäden führen. Um diese Risiken zu vermeiden, wird in Großunternehmen ein internes Kontrollsystem (Abk. IKS) eingesetzt. Die Transparenz, d. h. externe Kontrolle über das regelkonforme Arbeiten, ist eines der wesentlichen IKS-Prinzipien, wodurch auf die Daten zu jeder Zeit und von jedem Ort zugegriffen werden kann. Ein global agierendes Unternehmen nutzt die Cloud über Ländergrenzen hinweg, was dazu führt, dass die Daten in unterschiedlichen Ländern verteilt abgespeichert werden. Die Cloud unterbindet die Transparenz, d. h. aufgrund der Abstrahierung kann der Auftraggeber seine Daten nicht lokalisieren und administrieren. Das hat ebenso zur Folge, dass die Autorisierung des IKS nicht durchgeführt werden kann. Aufgrund dessen kann ein nonautorisierter Zugriff auf sensible Daten erfolgen, ohne dass der Auftraggeber dies registriert. Dies zieht rechtliche Probleme nach sich, da in jedem Land unterschiedliche Datenschutzrichtlinien vorliegen.[27]

Hinzu kommt, dass der Auftraggeber vorrangig mit dem Anbieter einen Vertrag abschließt. Ob weitere Drittanbieter für die Datenhaltung durch den Anbieter beauftragt werden ist für den Auftraggeber in der Regel nicht ersichtlich. Das Risikomanagement kann nur gewährleistet werden, wenn vertraglich die Nutzung und Verarbeitung der Daten in detaillierter Form geklärt ist. Bislang gibt es kein BGH-Urteil, welches die vertraglichen CC-Regelungen abdeckt. Die Sicherstellung der Rechte des Auftraggebers ist daher nur durch komplexe Kontrollen des Auftraggebers eigenverantwortlich zu erreichen.[28]

---

[26] Mündliche Aussage durch Hr. Hackenbeck, W., Rechts- und Unternehmensberater, 28.01.2010.; Vgl. BitKom (Hrsg.): Cloud Computing, 48 ff.
[27] Mündliche Aussage durch Hr. Hackenbeck, W., Rechts- und Unternehmensberater, 28.01.2010.; Vgl. BitKom (Hrsg.): A. a. O., 48 ff.
[28] Mündliche Aussage durch Hr. Hackenbeck, W., Rechts- und Unternehmensberater, 28.01.2010.; Vgl. BitKom (Hrsg.): A. a. O., 48 ff.

4.3 Sicherheit

Das größte Hindernis, Anwendung in die Cloud zu verlagern, sind die Sicherheitsbedenken, wie aus der Studie „Cloud Computing Security Risk Assessment" der European Network and Information Security Agency (Abk. ENISA) hervorgehen.[29]

Die fehlende Transparenz und die Virtualisierung haben zur Folge, dass eine Vielzahl von Daten und deren Eigentümer in einem „Pool" zusammengeführt werden. Bei Ausführung einer Aktion für einen bestimmten Datentyp eines Anbieters bspw. können ungewünschte Folgen für Daten des gleichen Datentyps eines anderen Anwenders auftreten. Im Hinblick auf Serverfehler des Cloud-Services Sidekick der Anbieter T-Mobile und Microsoft im Jahr 2009 wird deutlich, das sich der Anwender zunehmend vom Anbieter abhängig macht. Dies wird dadurch bekräftigt, dass für die Durchführung notwendiger Backups der Anbieter hinzugezogen werden muss.[30]

Die Datenmigration zu einem Anbieter mit verbesserten Funktionalitäten ist aufgrund der komplexen Abhängigkeit vom Cloud-Anbieter mit einem enormen Ressourcenaufwand verbunden. Die Konzentration auf das Kerngeschäft hat zur Folge, dass Prozessen und Technologien outgesourced werden, was simultan zu einer Auslagerung von Know-How führt. Dabei erleichtert das Outsourcing von Anwendungen eines fokussierten Hacker-Angriffs.[31] Den Aussagen des Senior Sales Engineer Ulf Kliche der Firma Websense zufolge wurde Malware[32] noch vor fünf Jahren als Anhang einer E-Mail übermittelt. Heutzutage beinhalten 85 % der übermittelten E-Mails eine Uniform Ressource Locator (Abk. URL). 3,2 Billion E-Mails werden täglich übermittelt, wobei 14 % böswilligen Code und 86,8 % Spam als URL enthalten.[33]

---

[29] Vgl. ENISA (Hrsg.): An SME perspective on Cloud Computing. Vgl. ENISA (Hrsg.): Cloud Computing. Benefits, risks and recommendations for information security. Vgl.: Experton Group (Hrsg.): ITaaS – Warten auf den Durchbruch.; Vgl. McLaughlin, L. (Hrsg. IGD Business Media GmbH): Cloud Computing Survey.

[30] Vgl. Fried, I.; Beiersmann, S. (Hrsg. CBS Interactive GmbH): Datenverlust.; Vgl. BitKom (Hrsg.): Cloud Computing, S. 51 ff.; Brodkin, J. (Hrsg. Gartner): Seven Cloud Computing security risks.; Pütter, C. (Hrsg. IGD Business Media GmbH): Zwischen Wundermittel und Sicherheitsrisiko.

[31] Vgl. Ruef, M. (Hrsg. Scip AG): Labs: 10 sicherrelevante Gründe gegen Cloud Computing.; Vgl. McLaughlin, Laurianne (Hrsg. IGD Business Media GmbH): A. a. O.; Brodkin, J. (Hrsg. Gartner): Seven Cloud Computing security risks.; Pütter, C. (Hrsg. IGD Business Media GmbH): A. a. O.

[32] Als Malware wird ein Programm in Form einer u. a. URL innerhalb einer E-Mail, eines Messaging-Programms etc. bezeichnet, mit dem Ziel sich in einem fremden System zu verbreiten und Schaden anzurichten. Vgl. hierzu Kaspersky, E.: Maleware, 50 f.

[33] Mündliche Aussage durch Hr. Kliche, U., Senior Sales Engineering, Websense, 28.01.2010.

5 Marktsituation und Referenzprojekte von Cloud Computing

Eine Vielzahl von Studien von Marktforschungsunternehmen wie IDC, Experton Group und Gartner belegen, dass CC von Unternehmen zunehmend im Jahresbudget berücksichtigt werden.

Laut Prognosen der IDC-Analysten ist mit einem Anstieg von 42 Mrd. $ im globalen CC-Markt bis 2012 zu rechnen.[34] Die Experton Group prognostiziert dagegen ein Umsatzanstieg von 41 % innerhalb von vier Jahren (s. Abb. 4).[35]

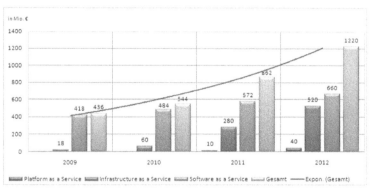

Abbildung 4: Marktwachstum 2009 - 2012
Quelle: Modifizierte Abbildung auf Basis der Experton Group (Hrsg.): ITaaS – Warten auf den Durchbruch.

Die Detailauflistung der Umsatzzahlen wird durch die Studie „Cloud Computing und Services - Status Quo und Trends in Deutschland 2009" der IDC bekräftigt. Hierbei werden vorrangig Geschäftsanwendungen (42 %) und Rechnerkapazitäten (37 %) von 161 befragten Unternehmen aus der Cloud bezogen. Alltägliche Anwendungsprogramme wie E-Mail- (30 %) oder Office-Anwendungen (25 %) werden von Marktteilnehmern im Unternehmen genutzt. Viele Pilotprojekte der IaaS (16 %) und PaaS (9 %) führen dazu, dass die Umsätze erst in den kommenden Jahren kontinuierlich steigen werden.[36] Laut der Befragung der Experton Group agieren Unternehmen u. a. in den Segmenten Kommunikation und Office.[37]

---

[34] Vgl. IDG Business Media GmbH (Hrsg.): ICT-Sourcing 2.0.
[35] Vgl. Experton Group (Hrsg.): ITaaS – Warten auf den Durchbruch.
[36] Vgl. Kehrer, A. (Linux Magazin Hrsg.): IDC-Studie.
[37] Mündliche Auskunft durch Hr. Zilch, A., Lead Advisor & Vorstand, Experton Group, 28.01.2010.

Das Marktforschungsunternehmen Gartner geht einen Schritt weiter und erwartet im Jahr 2013 ein Umsatzzuwachs von knapp 100 Mrd. $.[38] Dabei wird CC in drei essentielle Phasen unterteilt.[39]

Der CC-Markt gruppiert sich bisher um einen kleinen Kreis an Anbietern, die hauptsächlich Applikationen der SaaS-Schicht anbieten. Dadurch wird CC nicht nur durch Unternehmen, sondern auch in der Öffentlichkeit als neue IT-Technologie wahrgenommen (Phase 1).[40]

Aus der europäischen Studie des Unternehmen Sterling Commerce geht hervor, dass 87 % der deutschen Unternehmen das Potential von CC erkannt haben und Investitionen im IT-Bereich planen. Laut Studienergebnissen von Gartner nutzen von den 202 befragten Unternehmen 59 CC-Technologien, ebenso planen 59 Unternehmen CC in den nächsten zwei Jahren in der IT-Landschaft einzuführen. Besonders mittelständige Unternehmen mit einer Mitarbeiteranzahl unter 1000 Personen (hier 83 Unternehmen) haben sich vor allem wegen geringfügigen Vertrauens in bisherigen Anwendungsszenarien, aufgrund der juristischen Aspekte und der bestehenden Sicherheitsrisiken gegen die Umsetzung von CC entschieden.[41] Durch eine Umstellung gesetzlicher Regularien und der Sicherstellung der Sicherheit in der Cloud wird CC am Markt für Anbieter und Anwender attraktiver.[42] Dies hätte zur Folge, dass der Markt um weitere Anbieter im IaaS und PaaS zunimmt (Phase 2).[43]

Erst in bis zu fünf Jahren wird CC die volle Marktreife erlangen (Phase 3).[44]

Aufbauend auf Auswertung über den CC-Einsatz ist für 21 der untersuchten Unternehmen - die bislang kein CC planen oder umsetzen - die Praxistauglichkeit (89 %) ein entscheidender Faktor. Weiterhin ist die Integration in vorhandene Systeme (85 %) sowie die transparente Darstellung von Referenzprojekten (78 %) ein wichtiges Krite-

---

[38] Vgl. Pring, B.; Brown, R. H.; [et. al.]: Forecast: Sizing the Cloud, passim.; Vgl. Sterling Commerce GmbH (Hrsg.): 87 Prozent deutscher Unternehmen planen Investitionen in Cloud-Services.
[39] Vgl. Schulte, W.: Evolution Cloud Computing, S. 19.
[40] Vgl. Schulte, W.: A. a. O., S. 19.
[41] Vgl. Kehrer, A. (Linux Magazin Hrsg.): IDC-Studie., Vgl. BitKom (Hrsg.): Cloud Computing, S. 16 ff.
[42] Mündliche Auskunft durch Hr. Sinn, D. K., Geschäftsführer, Sinn-Consulting, 28.01.2010.
[43] Vgl. Schulte, W.: A. a. O., S. 19.
[44] Vgl. Schulte, W.: A. a. O., S. 19.

rium für die Umsetzung. Die Unternehmen gaben weiterhin an, dass eine klare Kommunikation inklusiver direkter Ansprechpartner gewünscht wird.[45]

Konkret am Anwendungsbeispiel bedeutet dies, dass bislang auf der IaaS-Ebene die Amazon Web Services (Abk. AWS) angewandt werden. Nach erfolgreicher Registrierung erfolgt der uneingeschränkte Zugriff auf die AWS. Hierbei bietet Amazon ein umfangreiches Service-Portfolio.

- Durch Amazon Elastic Compute Cloud (Abk. EC2) lässt sich die Skalierung von Rechenleistung maßgeblich vereinfachen. Über das Web-Frontend kann der Anwender vordefinierte virtuelle Bereiche in einer Rechnerumgebung anlegen.

- Die Datenspeicherung unstrukturierter Zeichenketten kann durch den Simple Storage Service (Abk. S3) anhand eines Key's verwaltet werden.

- Eine relationale Datenbank, in der strukturierte Daten abgelegt werden, wird durch den Service Simple DB abgedeckt. In Kombination mit Amazon EC2 und Amazon S3 können hierbei Echtzeit-Suchanfragen realisiert werden.

- Amazon bietet weitere Cloud-Services in den Bereichen Inhalts-Bereitstellung, E-Commerce, Messaging, Überwachung, Netzwerk, Support, Zahlung und Rechnungslegung, Web-Datenverkehr.

Die AWS zeichnen sich durch eine hohe Qualität und Verfügbarkeit aus.[46]

Mit Hilfe der Google App Engine (Abk. GAE) von Google wird eine Ablaufumgebung für Anwendungen innerhalb der Cloud PaaS-Ebene zur Verfügung gestellt. Hierbei erfolgt die Implementierung von Web-Anwendungen identisch zum Java SE mit Servlet-API.

- Voice over IP (Abk. VoIP) wird zunehmend in global agierenden Unternehmen eingesetzt.[47] Dies setzt voraus, dass ein Extensible Messaging and Presence Protokoll (Abk. XMPP) vorliegt.

---

[45] Vgl. Kehrer, A. (Linux Magazin Hrsg.): IDC-Studie.
[46] Vgl. Amazon (Hrsg.): Produkte & Dienstleistungen., Vgl.: Tilkov, S.: Sinn und Unsinn von Cloud Computing, S. 56 ff.
[47] Mündliche Auskunft durch Hr. Schumacher, M., Division Manager of After Market Business, Voith Hydro, 21.04.2008; Mündliche Auskunft durch Hr. Witter, S., Tax Manager, ADVA Optical Network, 12.03.2010; Mündliche Auskunft durch Fr. Saar, K., Leitung Weiterbildung, Merck KGaA, 01.04.2010.

- Weitere Services, die von Google innerhalb der Cloud zur Verfügung gestellt werden, umfassen den Versand einer E-Mail bis hin zur asynchronen Verarbeitung mittels des TaskQueue-Mechanismus.[48]

Die globale Avanade-Studie über die Nutzung von CC weist darauf hin, dass 63 % der deutschen Unternehmen SaaS-Lösungen hauptsächlich für die Datenspeicherung nutzen.[49]

- Im Wesentlichen übernimmt die Applikation „Dropbox" die Datenspeicherung sowie Dateiverwaltung und bietet dem Anwender zusätzliche Kollaborations-Funktionen. Die Daten werden dabei orts- und geräteunabhängig zur Verfügung gestellt.[50]

Im Gegensatz dazu werden bislang E-Mail- und CRM-Applikationen geringfügig verwendet.[51]

- Google bietet Anwendungen wie Google Mail, Docs und Calender, wodurch eine Vielzahl von kommerzieller Office-Anwendung auf langfristiger Basis ersetzt werden können. Allerdings ist der Funktionsumfang im Vergleich zur herkömmlichen Microsoft Office Produkten eingeschränkt.[52]
- Die Firma Salesforce vertreibt webbasierte CRM-Applikation, die durch zahlreiche Features ergänzt werden kann.[53]

Im privaten Anwendungsbereich ist u. a. folgende Cloud-Anwendung von Interesse:

- Die netzbasierte „iCloud" stellt dem Nutzer einen vollständigen virtuellen Arbeitsplatz Verfügung. Darin inbegriffen sind bis zu 50 verschiedene Anwendungen, ein virtuelles Laufwerk, welches je nach Anforderung erweitert werden kann sowie verschiedene Optionen des Files-Sharing.[54]

---

[48] Vgl. Tilkov, S. (Hrsg. JavaMagazin): Sinn und Unsinn von Cloud Computing, S. 56 ff.
[49] Vgl. Avanade (Hrsg.): Globale Avanade-Studie zeigt.
[50] Vgl. Sequoia Capital and Accel Partners (Hrsg.): Dropbox Features.
[51] Vgl. Avanade (Hrsg.): Globale Avanade-Studie zeigt.
[52] Vgl. Tilkov, S. (Hrsg. JavaMagazin): a.a.O.
[53] Mündliche Auskunft durch Witter, S., Tax Manager, ADVA Optical Network, 12.03.2010.
[54] Vgl. Xcerion AB (Hrsg.): Über iCloud.

6 Abschließende Beurteilung

Aufgrund unzähliger Definitionen lässt sich grundlegend feststellen, dass sich CC am Markt noch nicht etabliert hat. Um der Frage nachzugehen, ob es sich bei CC um einen kurzfristigen Hype oder einer langfristigen Technologie handelt, ist es erforderlich, die technischen Parameter zu betrachten. Besonders im Hinblick auf die gestiegene und schnellere Netzkapazität[55] wird die Umsetzung von CC auf langfristiger Sicht technisch ermöglicht. Zugleich ermöglichen die CC-Konzepte ein hohes Potential für Anbieter und Anwender. Die Kundenakquise ist aufgrund der niedrigen Markteintrittsbarrieren und den daraus folgenden Geschäftsmodellen vereinfacht zugänglich. Gegensätzlich dazu stellt das CC-Konzept eine Gefahr für den traditionellen IT-Anbieter dar. Bis zur vollkommenen Marktreife ist ein juristischer Wandel erforderlich. Ebenso sind die zögernden Investitionsentscheidungen auf die mangelnde Transparenz am Markt zurückzuführen. Zudem sind Chancen und Risiken für die Anwender weitgehend unklar und bislang nicht vergleichbar. Die flächendeckende Einführung von CC wird durch die nicht differenzierte Positionierung der Anbieter abgeschwächt. Für den Cloud-Anwender sind Best-Practice Vorgehen mit klar definierten Kriterien für die Umsetzung von CC-Projekten entscheidend. Hierbei interessieren sich die Unternehmen für ein ganzheitliches CC-Konzept, das alle Einheiten in einem Unternehmen einbindet und erfasst. Schlussfolgernd überwiegen die Herausforderungen die Erfolgsfaktoren und verhindern somit die momentane breite Markteinführung.

CC bietet aktuell für öffentliche Einrichtungen wie Universitäten oder Fachhochschulen optimale Forschungsprojekte. Hierbei kann der Einsatz eines Cloud basiertem Business Intelligence oder ERP-System konzipiert, evaluiert und implementiert werden. Dabei ist es besonders wichtig, dass die Services einen hohen Individualisierungsgrad zulassen.

---

[55] Vgl. Stix, G.: The triumph of the light.

Quellenverzeichnis

Amazon (Hrsg.):

Produkte und Dienstleistungen.
In: http://aws.amazon.com/de/products/,
zugegriffen am: 09.04.2010.

A.T. Kearney (Hrsg.):

Verschenkte Potenziale: „Cloud Computing" ist sehr viel mehr als eine Marketing-Wolke.
In:
http://www.atkearney.de/content/presse/pressemitteilungen_practices_detail.php
/id/50815/practice/sitp,
zugegriffen am: 19.03.2010.

Avanade (Hrsg.):

Globale Avanade-Studie zeigt: deutsche Unternehmen nutzen Cloud Computing
vor allem für die Datenspeicherung sowie für HR-Services und Collaboration Sites.
In:
http://www.avanade.com/de/_uploaded/pdf/pressrelease/200909cloudcomputing
ii765325.pdf,
zugegriffen am: 24.03.2010.

Barth, T.; Schüll, A.:

Grid Computing: Konzepte, Technologien, Anwendungen, Friedr. Vieweg &
Sohn Verlag, Wiesbaden 2006.

BitKom (Hrsg.):

Cloud Computing – Evolution in der Technik, Revolution im Business.
In: http://www.bitkom.org/files/documents/BITKOM-Leitfaden-
CloudComputing_Web.pdf,
zugegriffen am: 23.02.2010.

Brodkin, J. (Hrsg. Gartner):

Seven Cloud Computing security risks.
In: http://www.infoworld.com/print/36853,
zugegriffen am: 20.03.2010.

Pütter, C. (Hrsg. IGD Business Media GmbH):

Zwischen Wundermittel und Sicherheitsrisiko – Cloud Computing polarisiert
CIOs.
In:
http://www.cio.de/_misc/article/printoverview/index.cfm?pid=399&pk=861652
&op=lst,
zugegriffen am: 20.03.2010.

Dunkel, J.; Eberhardt, A.; [et. al.]:

Systemarchitekturen für verteilte Anwendungen. Client-Server, Multi-Tier,
SOA; Event Driven Architecture, P2P, Grid, Web 2.0. Carl Hanser Verlag,
München 2008.

ENISA (Hrsg.):

An SME perspective on Cloud Computing.
In: http://www.enisa.europa.eu/act/rm/files/deliverables/Cloud Computing-sme-
survey/,
zugegriffen am: 23.03.2010.

Quellenverzeichnis

Amazon (Hrsg.):

Produkte und Dienstleistungen.
In: http://aws.amazon.com/de/products/,
zugegriffen am: 09.04.2010.

A.T. Kearney (Hrsg.):

Verschenkte Potenziale: „Cloud Computing" ist sehr viel mehr als eine Marketing-Wolke.
In:
http://www.atkearney.de/content/presse/pressemitteilungen_practices_detail.php
/id/50815/practice/sitp,
zugegriffen am: 19.03.2010.

Avanade (Hrsg.):

Globale Avanade-Studie zeigt: deutsche Unternehmen nutzen Cloud Computing
vor allem für die Datenspeicherung sowie für HR-Services und Collaboration Sites.
In:
http://www.avanade.com/de/_uploaded/pdf/pressrelease/200909cloudcomputing
ii765325.pdf,
zugegriffen am: 24.03.2010.

Barth, T.; Schüll, A.:

Grid Computing: Konzepte, Technologien, Anwendungen, Friedr. Vieweg &
Sohn Verlag, Wiesbaden 2006.

IDG Business Media GmbH (Hrsg.):

ICT-Sourcing 2.0.
In: http://www.computerwoche.de/advertorial/t-systems/,
zugegriffen am: 24.03.2010.

ISACA (Hrsg.):

Cloud Computing: Business Benefits with Security, Goveranance and Assurance
Perspectives.
In: http://www.slideshare.net/Benrothke/Cloud Computing-business-benefits-
with-security-governance-and-assurance-perspectives,
zugegriffen am: 17.03.2010

Josuttis, N. M.:

SOA in Practice: The Art of Distributed System Design, Sebastopol, 2007.

Kaspersky, E.:

Maleware: Von Viren, Würmern, Hackern und Trojaner und wie man sich vor
ihnen schützt, Carl Hanser Verlag, München 2008.

Kehrer, A. (Linux Magazin Hrsg.):

IDC-Studie: Deutsche Firmen finden Clouds zu wolkig.
In: http://www.linux-magazin.de/layout/set/print/content/view/full/39092,
zugegriffen am: 20.03.2010.

Kisker, H. (CIO online Hrsg.):

Forrester stellt Taxonomie vor. Ein Ratgeber im Cloud-Computing-Wirrwarr
In:
http://www.cio.de/_misc/article/printoverview/index.cfm?pid=556&pk=2214851
&op=lst,
zugegriffen am: 12.03.2010.

Krafzig, D.; Blanke, K.; Slama, D.:

Enterprise SOA, Service oriented Architecture, New Jersey, 2005.

McLaughlin, L. (Hrsg. IGD Business Media GmbH):

Cloud Computing Survey: IT Leaders see big promise, have big security questions.
In: http://www.cio.com/article/print/455832,
zugegriffen am: 15.03.2010.

Melzer, I.; Dostal, W.; Jeckle, M.:

Service-orientierte Architekturen mit Web Services: Konzepte – Standards -
Praxis, Springer Verlag, Heidelberg 2010.

Perry, R.; Hatcher, E.; [et. al.] (INC Hrsg.):

Force.com Cloud Platform Drives Huge Time to Market and Cost Savings.
In:
http://thecloud.appirio.com/rs/appirio/images/IDC_Force.com_ROI_Study.pdf,
zugegriffen am: 17.03.2010.

Pring, B.; Brown, R. H.; [et. al.] (Hrsg. Gartner):

Forecast: Sizing the Cloud; Understanding the opportunities in Cloud Services.
In: http://www.lesechos.fr/medias/2009/0519//300350239.pdf,
zugegriffen am: 14.03.2010.

Pulier, E.; Taylor, H.:

Understanding Enterprise SOA, Greenwich, 2005.

Quack, K. (Hrsg. Computerwoche):

Service-Level-Agreements: Was Sie schon immer über SLA wissen wollten.
In: http://www.computerwoche.de/management/compliance-recht/1866335/,
zugegriffen am: 16.03.2010.

Ruef, M. (Hrsg. Scip AG):

Labs: 10 sicherrelevante Gründe gegen Cloud Computing.
In: http://www.scip.ch/?labs.20091127,
zugegriffen am: 19.03.2010.

Saunders, M; Lewis, A.; [et. al]:

Research Methods for Business Students, 4th Edition, Prentice Hall, London,
New York u.a. 2007.

Schaffry, A. (Hrsg. CIO):

Gartner-Markttrends 2009 – Die gefragtesten SaaS-Angebote.
In: http://www.cio.de/knowledgecenter/crm/2214099/,
zugegriffen am: 24.03.2010.

Schulte, W.:

Evolution Cloud Computing.
In: Funkschau, Nr. 06/2009.

Sequoia Capital and Accel Partners (Hrsg.):

Dropbox Features.
In: http://dropbox.com,
zugegriffen am: 08.04.2010.

Shankland, S.; Kaden, J. (Gartner Hrsg.):

Cloud Computing wird wichtigster IT-Trend 2010.
In:
http://www.zdnet.de/news/wirtschaft_unternehmen_business_gartner_cloud_co
mputing_wird_wichtigster_it_trend_2010_druckversion-39001020-41516155-
1.htm,
zugegriffen am: 12.03.2010.

Spiegel Online (Hrsg.):

Datenleck bei BKK Gesundheit – Größte deutsche Betriebskrankenkasse wird
erpresst.
In: http://www.spiegel.de/netzwelt/netzpolitik/0,1518,677280,00.html,
zugegriffen am: 19.03.2010.

Sterling Commerce GmbH (Hrsg.):

87 Prozent deutscher Unternehmen planen Investitionen in Cloud-Services.
In: http://www.sterlingcommerce.de/about/news/press-
releases/PM_CloudServices_10.htm,
zugegriffen am: 18.03.2010.

Stix, G.:

The Triumph of the light. Extention to fiber optics will supply network capacity that borders on the infinite.
In: http://www.enkido.com/NewsPages/ScientificAmerican_01-01/Scientific_American.htm,
zugegriffen am: 17.04.2010.

Sun Microsystems (Hrsg.):

Introduction to Cloud Computing Architecture.
In: http://www.sun.com/featured-articles/CloudComputing.pdf,
zugegriffen am: 23.02.2010.

Tilkov, S.:

Sinn und Unsinn von Cloud Computing,
In: Javamagazin, Nr. 02/2010.

Trovarit AG (Hrsg.):

Software as a Service – Die schlanke Zukunft für ERP/Business Software?
In: http://www.trovarit.com/saas-studie/saas-studie.html,
zugegriffen am: 08.04.2010.

Wolpe, T., Kaden, J. (CBS Interative GmbH Hrsg.):

Analysten von Gartner definieren Cloud Computing neu.
In:
http://www.zdnet.de/news/wirtschaft_unternehmen_business_analysten_von_gartner_definieren_cloud_computing_neu_druckversion-39001020-41005782-1.htm,
zugegriffen am: 13.03.2010.

Xcerion AG (Hrsg.):

Über iCloud.

In: http://icloud.com,

zugegriffen am: 08.04.2010.